AF193240

Platón

APOLOGÍA DE SÓCRATES

Traducción de Patricio de Azcárate Corral

1ª ed., enero de 2026

Edición y revisión de José Luis Trullo

Una iniciativa de Cypress Cultura
http://www.cypress.com.es

ISBN: 979-13-87504-18-2
Depósito legal: SE 3018-2025

IMPRESO EN LA UNIÓN EUROPEA

NOTA DEL EDITOR

Sin duda alguna, la *Apología de Sócrates* constituye, no solo un clásico absoluto de la cultura occidental (en su calidad de referencia ineludible para entender su devenir), sino una fuente de sabiduría eterna. Solo así puede explicarse su vigencia, resistente a los vaivenes de los gustos y las modas. Y es que, a pesar de su apariencia, lo que en este breve texto encontramos no versa en torno a las vicisitudes personales de un individuo que vivió y murió en el 399 a.C., sino que atañe al corazón mismo del hombre de cualquier época, al cual le plantea las mismas preguntas a las que tuvo que responder el propio Sócrates ante el tribunal que le juzgaba y que le condenó, entre muchas otras: ¿dónde empieza y acaba mi libertad? ¿Cómo se conjuga esta con el respeto a las leyes de la ciudad en la que vivo y convivo? ¿Tiene la vida un sentido? ¿A qué estoy llamado? Y si es a alguna misión concreta, ¿qué sacrificios estoy dispuesto a hacer yo por llevarla a cabo? Cuestiones, como vemos, con las que se debe medir cualquier individuo que perciba su vida como algo más que un mero tránsito de la cuna a la tumba.

Esta naturaleza universal e irrebasable de la obra obliga a acogerla en su seno a cualquier proyecto que aspire a salir en defensa de la cultura occidental, como es el caso de Cypress. Aunque para ello tengamos que recurrir a la traducción, ya clásica, de Patricio de Azcárate, la cual, una vez contrastada con otras más recientes, resiste el examen acerca de su fidelidad, aunque la hayamos tenido que adaptar en algunos aspectos: nombres de los dioses (Zeus en lugar de Júpiter, Hera en lugar de Venus) y de algunos personajes citados, o rasgos estilísticos muy menores.

Con la edición impresa de un documento que, además, es de fácil acceso en la red de redes, queremos rendir un homenaje a quienes siguen confiando en el libro como el soporte más propio para la palabra sabia, aun cuando en su momento rehuyó expresarse por escrito. De vivir en el siglo XXI, me caben pocas dudas de que el propio Sócrates publicaría libros, e incluso los defendería como un signo de resistencia ante la corriente de los tiempos.

Sea como fuere, téngase la presente publicación, sobre todo, como un homenaje personal de los humanistas del tercer milenio al que, por muchos motivos, hemos de considerar como nuestro padre intelectual. Ni que solo sea por eso, estimo que este libro merece ver la luz.

Sevilla, diciembre de 2025

APOLOGÍA DE SÓCRATES

Yo no sé, atenienses, la impresión que habrá hecho en vosotros el discurso de mis acusadores. Con respecto a mí, confieso que me he desconocido a mí mismo; tan persuasiva ha sido su manera de decir. Sin embargo, puedo asegurarlo, no han dicho una sola palabra que sea verdad.

Pero de todas sus calumnias, la que más me ha sorprendido es la prevención que os han hecho de que estéis muy en guardia para no ser seducidos por mi elocuencia. Porque el no haber temido el mentís vergonzoso que yo les voy a dar en este momento, haciendo ver que no soy elocuente, es el colmo de la imprudencia, a menos que no llamen elocuente al que dice la verdad. Si es esto lo que pretenden, confieso que soy un gran orador; pero no lo soy a su manera; porque, repito, no han dicho ni una sola palabra verdadera, y vosotros vais a saber de mi boca la pura verdad, no ¡por Zeus! en una arenga vestida de sentencias brillantes y palabras escogidas, como son los discursos de mis acusadores, sino en un lenguaje sencillo y espontáneo; porque descanso en la confianza de que digo la verdad, y ninguno de vosotros debe esperar otra cosa de mí. No seria propio de mi edad, venir, atenienses, ante vosotros como un joven que hubiese preparado un discurso.

Por esta razón, la única gracia, atenienses, que os pido es que, cuando veáis que en mi defensa emplee términos y maneras comunes, los mismos de que me he servido cuantas veces he conversado con vosotros en la plaza pública, en las casas de contratación y en los demás sitios en que me habéis visto, no os sorprendáis ni os irritéis contra mí. porque es esta la primera vez en mi vida que comparezco ante un tribunal de justicia, aunque cuento más de setenta años.

Por lo pronto, soy extraño al lenguaje que aquí se habla. Y así como si fuese yo un extranjero, me disimularíais que os hablase de la manera y en el lenguaje de mi país, en igual forma exijo de vosotros, y creo justa mi petición, que no hagáis aprecio de mi manera de hablar, buena o mala, y que miréis solamente, con toda la atención posible, si os digo cosas justas o no, porque en esto consiste toda la virtud del juez, como la del orador: en decir la verdad.

Es justo que comience por responder a mis primeros acusadores, y por refutar las primeras acusaciones, antes de llegar a las últimas que se han suscitado contra mí. Porque tengo muchos acusadores cerca de vosotros hace muchos años, los cuales nada han dicho que no sea falso. Temo más a estos que a Ánito y a sus cómplices, aunque sean estos últimos muy elocuentes; pero son aquellos mucho más temibles, por cuanto, compañeros vuestros en su mayor parte desde la infancia, os han dado de mí muy malas noticias, y os han dicho que hay un cierto Sócrates, hombre sabio, que indaga lo que pasa en los cielos y en las entrañas de la tierra y que sabe convertir en buena una mala causa.

Los que han sembrado estos falsos rumores son mis más peligrosos acusadores, porque prestándoles oídos, llegan los demás a persuadirse de que los hombres que se consagran a tales indagaciones no creen en la existencia de los dioses. Por otra parte, estos acusadores son en gran número, y hace mucho tiempo que están metidos en esta trama. Os han prevenido contra mí en una edad que ordinariamente es muy crédula, porque erais niños la mayor parte o muy jóvenes cuando me acusaban ante vosotros en plena libertad, sin que el acusado les contradijese; y lo más injusto es que no me es permitido conocer ni nombrar a mis acusadores, a excepción de cierto autor de comedias. Todos aquellos que, por envidia o por malicia, os han inoculado todas estas falsedades, y los que, persuadidos ellos mismos, han persuadido a otros, quedan ocultos sin que pueda yo llamarlos ante vosotros ni refutarlos; y por consiguiente, para defenderme es preciso que yo me bata, como suele decirse, con una sombra, y que ataque y me defienda sin que ningún adversario aparezca.

Considerad, atenienses, que yo tengo que habérmelas con dos suertes de acusadores, como os he dicho: aquellos que me están acusando desde hace mucho tiempo, y los que ahora me citan ante el tribunal; y creedme, os lo suplico, que es preciso que yo responda por lo pronto a los primeros, porque son ellos a quienes ya habéis oído y han producido en vosotros más profunda impresión.

Pues bien, atenienses, es preciso defenderse y arrancar de vuestro espíritu, en tan corto espacio de tiempo, una calumnia envejecida y que ha echado en vosotros profundas raíces. Desearía con todo mi corazón que fuese en ventaja vuestra y mía, y que mi apología pudiese servir para mi justificación. Pero yo sé cuán difícil es esto, sin que en este punto pueda hacerme ilusiones. Que sea lo que los dioses quieran, pues es preciso obedecer a la ley y defenderse.

Remontémonos, pues, al primer origen de la acusación, sobre la que he sido tan desacreditado y que ha dado a Meleto confianza para arrastrarme ante el tribunal. ¿Qué decían mis primeros acusadores? Porque es preciso presentarla en forma su acusación, como si apareciese escrita y con los juramentos recibidos. «Sócrates es un impío; por una curiosidad criminal quiere penetrar lo que pasa en los cielos y en la tierra, convierte en buena una mala causa, y enseña a los demás sus doctrinas».

He aquí la acusación; ya la habéis visto en la comedia de Aristófanes, en la que se representa a un cierto Sócrates, que dice que se pasea por los aires y otras extravagancias semejantes, que yo ignoro absolutamente; y esto no lo digo porque desprecie esta clase de conocimiento, si entre vosotros hay alguno entendido en ellos (que Meleto no me formule nuevos cargos por esta concesión), sino que es solo para haceros ver que yo jamás me he mezclado en tales ciencias, pudiendo poner por testigos a la mayor parte de vosotros.

Los que habéis conversado conmigo, y que estáis aquí en gran número, os conmino a que declaréis si jamás me oísteis hablar de semejante clase de ciencias ni de cerca ni de lejos; y por esto conoceréis ciertamente que en todos esos rumores que se han levantado contra mí, no hay ni una sola palabra de verdad; y si alguna vez habéis oído que yo me dedicaba a la enseñanza, y que exigía salario, es también otra falsedad.

No es porque no tenga por muy bueno el poder instruir a los hombres, como hacen Gorgias de Leontinos, Pródico de Ceos e Hipias de Elea. Estos grandes personajes tienen el maravilloso talento, a dondequiera que vayan, de persuadir a los jóvenes a que se unan a ellos y abandonen a sus conciudadanos, cuando podrían estos ser sus maestros sin costarles un óbolo.

Y no sólo les pagan la enseñanza, sino que contraen con ellos una deuda de agradecimiento infinito. He oído decir que vino aquí un hombre de Paros que es muy hábil porque, habiéndome hallado uno de estos días en casa de Calias, hijo de Hipónico, hombre que gasta más con los sofistas que todos los ciudadanos juntos, me dio gana de decirle, hablando de sus dos hijos: "Calias, si tuvieses por hijos dos potros o dos terneros, ¿no trataríamos de ponerles al cuidado de un hombre entendido, a quien pagásemos bien, para hacerlos tan buenos y hermosos cuanto pudieran serlo, y les diese todas las buenas cualidades que debieran tener? Y este hombre entendido, ¿no debería ser un buen picador y un buen labrador? Y puesto que tú tienes por hijos hombres, ¿qué maestro has resuelto darles? ¿Qué hombre conocemos que sea capaz de dar lecciones sobre los deberes del hombre y del ciudadano? Porque no dudo que hayas pensado en esto dado que has tenido hijos, y conoces a alguno". "Sí", me respondió Calias. "¿Quién es, le repliqué, de dónde es, y cuánto lleva?". "Es Éveno, Sócrates, me dijo; es de Paros, y lleva cinco minas". En adelante tendré a Éveno por muy dichoso, si es cierto que tiene ese talento y puede comunicarlo a demás.

Por lo que a mí toca, atenienses, me llenaría de orgullo y me tendría por afortunado si tuviese esa cualidad, pero desgraciadamente no la tengo. Alguno de vosotros me dirá, quizás: "Pero, Sócrates, ¿qué es lo que haces? ¿De dónde nacen estas calumnias que se han propalado contra ti? Porque si te has limitado a hacer lo mismo que hacen los demás ciudadanos, jamás debieron esparcirse tales rumores. Dinos, pues, el hecho de verdad, para que no nos formemos un juicio temerario". Esta objeción me parece justa. Voy a explicaros lo que tanto me ha desacreditado y ha hecho mi nombre tan famoso. Escuchadme, pues. Quizás algunos de entre vosotros creerán que yo no hablo seriamente, pero estad persuadidos de que no os diré más que la verdad.

La reputación que yo haya podido adquirir, no tiene otro origen que una cierta sabiduría que existe en mí. ¿Cuál es esta sabiduría? Quizá es una sabiduría puramente humana, y corro el riesgo de no ser en otro concepto sabio, del mismo modo que los hombres de los que acabo de hablaros son sabios, de una sabiduría mucho más que humana.

Nada tengo que deciros de esta última sabiduría, porque no la conozco, y todos los que me la imputan, mienten, y solo intentan calumniarme. No os incomodéis, atenienses, si al parecer os hablo de mí mismo demasiado ventajosamente; nada diré que proceda de mí, sino que lo atestiguaré con una autoridad digna de confianza. Por testigo de mi sabiduría os daré al mismo dios de Delfos, que os dirá si la tengo, y en qué consiste. Todos conocéis a Querefonte, mi compañero en la infancia, como lo fue de la mayor parte de vosotros, y que fue desterrado con vosotros, y con vosotros volvió. Ya sabéis qué hombre era Querefonte, y cuán ardiente era en cuanto emprendía. Un día, habiendo partido para Delfos, tuvo el atrevimiento de preguntar al oráculo (os suplico que no os irritéis con lo que voy a decir) si había en el mundo un hombre más sabio que yo; la Pitia le respondió, que no había ninguno. Querefonte ha muerto, pero su hermano, que está presente, podrá dar fe de ello. Tened presente, atenienses, por qué os refiero todas estas cosas; pues es únicamente para haceros ver de dónde proceden esos falsos rumores que han corrido contra mí.

Cuando supe la respuesta del oráculo, dije para mí: "¿Qué quiere decir el dios? ¿Qué sentido ocultan estas palabras? Porque yo sé sobradamente que en mí no existe semejante sabiduría, ni pequeña, ni grande. ¿Qué quiere decir al declararme el más sabio de los hombres? Porque él no miente. La divinidad no puede mentir". Dudé largo tiempo del sentido del oráculo, hasta que por último, después de un gran trabajo, me propuse hacer la prueba siguiente: fui a casa de uno de nuestros conciudadanos, que pasa por ser uno de los más sabios de la ciudad. Yo creía que allí, mejor que en ninguna otra parte, encontraría argumentos para rebatir al oráculo y presentarle a un hombre más sabio que yo, por más que me hubiere declarado a mí el más sabio de los hombres. Examinando pues a este hombre –de quien baste deciros que era uno de nuestros grandes políticos, sin necesidad de descubrir su nombre–, y conversando con él, me encontré con que todo mundo le creía sabio, que él mismo se tenía por tal, y que en realidad no lo era. Después de este descubrimiento me esforcé en hacerle ver que de ninguna manera era lo que él creía ser, y eso es lo que me hizo odioso a este hombre y a los amigos suyos que asistieron a la conversación.

Tras separarme de él, razonaba conmigo mismo y me decía: "Yo soy más sabio que este hombre. Puede muy bien suceder que ni él ni yo sepamos nada de lo que es bello ni de lo que es bueno; pero hay esta diferencia, que él cree saberlo aunque no sepa nada, y yo, no sabiendo nada, creo no saber". Me parecía, pues, que en esto yo, aunque poco, sí era más sabio, porque no creía saber lo que no sabía.

Desde allí me fui a casa de otro al que se tenía por más sabio que el anterior, y me encontré con lo mismo, y me granjeé nuevos enemigos. No por esto me desanimé; fui en busca de otros, conociendo bien que me volvía odioso, y haciéndome violencia, porque temía los resultados; pero me parecía que debía, sin duda, preferir a todas las cosas la voz del dios, y para dar con el verdadero sentido del oráculo, ir de puerta en puerta por las casas de todos aquellos que gozaban de gran reputación; pero, ¡oh, dioses!, he aquí, atenienses, el fruto que saqué de mis indagaciones, porque es preciso deciros la verdad: todos aquellos que pasaban por ser los más sabios, me parecieron no serlo, al paso que todos aquellos que no gozaban de esta opinión, los encontré en mucha mejor disposición para serlo.

Es preciso que acabe de daros cuenta de todas mis tentativas, como otros tantos trabajos que emprendí para conocer el sentido del oráculo.

Después de estos grandes hombres de estado me fui a los poetas, tanto a los que hacen tragedias como a los poetas ditirámbicos y otros, no dudando que con ellos se me cogería *in fraganti*, como suele decirse, encontrándome más ignorante que ellos. Para ello examiné aquellas obras suyas que me parecieron mejor trabajadas, y les pregunté lo que querían decir, y cuál era su objeto, para que me sirviera de instrucción. Pudor tengo, atenienses, de deciros la verdad; pero no hay remedio, es preciso decirla. No hubo uno de todos los que estaban presentes, incluidos los mismos autores, que supiese dar razón de sus poemas. Concluí así que no es la sabiduría la que guía a los poetas, sino ciertos movimientos de la naturaleza y un entusiasmo semejante al de los profetas y adivinos; que todos dicen muy buenas cosas, sin comprender nada de lo que dicen. Los poetas me parecieron estar en este caso; y, al mismo tiempo, me convencí de que a título de poetas se creían los más sabios en todas las materias, si bien nada entendían. Les dejé, pues, persuadido de que era yo superior a ellos, por la misma razón que lo había sido respecto a los hombres políticos.

Para terminar, fui en busca de los artistas, sobradamente convencido de que yo nada entendía de su profesión, que los encontraría muy capaces de hacer muy buenas cosas, y que en esto no podía engañarme. Sabían cosas que yo ignoraba, y en esto eran ellos más sabios que yo. Pero, atenienses, los más entendidos entre ellos me parecieron incurrir en el mismo defecto que los poetas, porque no hallé uno que, a título de ser buen artista, no se creyese muy capaz y muy instruido en las demás grandes cosas; y esta extravagancia quitaba todo el mérito a su habilidad.

Me pregunté, pues, a mí mismo, como si hablara por el oráculo, si preferiría ser tal como soy, sin la habilidad de estas gentes pero igualmente sin su ignorancia, o bien tener la una y la otra y ser como ellos; y me respondí a mí mismo y al oráculo, que era mejor para mí ser como soy. De esta indagación, atenienses, han nacido contra mí todos estos odios y estas enemistades peligrosas, que han producido todas las calumnias que conocéis, y me han hecho adquirir el nombre de sabio; porque todos los que me escuchan creen que yo sé todas las cosas sobre las que descubro la ignorancia de los demás. Me parece, atenienses, que sólo el dios es el verdadero sabio, y que esto ha querido decir mediante su oráculo, dando a entender que toda la sabiduría humana no es gran cosa, o por mejor decir, que no es nada; y si el oráculo ha nombrado a Sócrates, sin duda se ha valido de mi nombre como un ejemplo, como si dijese a todos los hombres: «el más sabio entre vosotros es aquel que reconoce, como Sócrates, que su sabiduría no es nada».

Convencido de esta verdad, para asegurarme más y obedecer al dios, continué mis indagaciones, no sólo entre nuestros conciudadanos, sino entre los extranjeros, para ver si encontraba a algún verdadero sabio, y al no encontrarlo tampoco, sirvo de intérprete al oráculo, haciendo ver a todo el mundo que ninguno es sabio. Esto me preocupa tanto, que no tengo tiempo para dedicarme al servicio de la ciudad ni al cuidado de mis cosas, y vivo en una gran pobreza a causa de este culto que rindo a dios.

Por otra parte, muchos jóvenes de las más ricas familias en sus ocios se unen a mí de buen grado, y obtienen tanto placer al ver cómo pongo a prueba a todos, que quieren imitarme con aquellos que encuentran; y no hay que dudar que obtienen una buena cosecha, porque son muchos los que creen saberlo todo, aunque no sepan nada o casi nada.

Todos aquellos a los que ellos convencen de su ignorancia la toman conmigo y no con ellos, y van diciendo que hay un cierto Sócrates que es un malvado y un infame que corrompe a los jóvenes; y cuando se les pregunta qué hace o qué enseña, no tienen qué responder, y para disimular su flaqueza se desatan con esos cargos triviales que ordinariamente se dirigen contra los filósofos: que indaga lo que pasa en los cielos y en las entrañas de la tierra, que no cree en los dioses, que hace buenas las peores causas; y todo porque no se atreven a decir la verdad, que es que Sócrates los coge *in fraganti* y descubre que aparentan que saben, cuando no saben nada. Intrigantes, activos y numerosos, conspirando contra mí con una elocuencia seductora, hace ya un tiempo que hacen circular todas estas calumnias que han pergeñado contra mí, y hoy han destacado con este objeto a Meleto, Ánito y Licón, de manera que Meleto representa a los poetas, Ánito a los políticos y artistas, y Licón a los oradores. Esta es la razón de que, como os dije al principio, tendría yo por un gran milagro si en tan poco espacio pudiese destruir una calumnia que ha tenido tanto tiempo para echar raíces y fortificarse en vuestro espíritu.

He aquí, atenienses, la verdad pura; no os oculto ni disfrazo nada, aun cuando no ignoro que cuanto digo no hace más que hurgar en la herida; y esto prueba que digo la verdad, y que tal es el origen de estas calumnias. Si os tomáis el trabajo de profundizar en ellas, tarde o temprano os convenceréis plenamente de que esa es la razón. Aquí tenéis una apología que estimo suficiente contra los primeros cargos que se me imputan.

Pasemos ahora al resto y tratemos de responder a Meleto, a este hombre de bien, tan llevado, si hemos de creerle, por el amor a la patria. Repitamos su acusación, como hemos enunciado la primera. Es esta, poco más o menos: Sócrates es culpable porque corrompe a los jóvenes, porque no cree en los dioses de la ciudad, y porque en su lugar pone divinidades nuevas bajo el nombre de demonios.

He aquí la acusación. La examinaremos punto por punto. Dice que soy culpable porque corrompo a la juventud; y yo, atenienses, digo que el culpable es Meleto porque, burlándose de las cosas serias, tiene la particular complacencia de arrastrar a otros ante el tribunal, queriendo aparentar que se desvela mucho por cosas por las que jamás ha hecho ni el más pequeño sacrificio, y voy a probároslo.

Ven acá, Meleto, dime: ¿ha habido algo nada que te haya preocupado más que el hacer los jóvenes lo más virtuosos posible?

Meleto.- Nada, indudablemente.

Sócrates.- Pues bien, di a los jueces cuál será el hombre que mejorará la condición de los jóvenes. Porque no puede dudarse de que tú lo sabes, pues tanto te preocupa esta idea. En efecto, ya que has encontrado al que los corrompe, y hasta le has denunciado ante los jueces, es preciso que digas quién los hará mejores. Habla, a ver, ¿quién es?

¿Lo ves ahora, Meleto? Tú callas; estás perplejo, y no sabes qué responder. ¿Y no te parece esto vergonzoso? ¿No es una prueba cierta de que jamás ha sido objeto de tu cuidado la educación de la juventud? Pero, repito, ex-celente Meleto, ¿quién es el que puede hacer mejores a los jóvenes?

Meleto.- Las leyes.

Sócrates.- Meleto, no es eso lo que te pregunto, sino quién es el hombre; porque está claro que aquello que dicho hombre debe conocer al dedillo son las leyes.

Meleto.- Son, Sócrates, los jueces aquí reunidos.

Sócrates.- ¡Cómo, Meleto! ¿Estos jueces son capaces de instruir a los jóvenes y hacerlos mejores?

Meleto.- Sí, ciertamente.

Sócrates.- Pero, ¿son todos estos jueces, o hay entre ellos unos que pueden y otros que no pueden?

Meleto.- Todos pueden.

Sócrates.-¡Por Hera!, nos has dado un gran número de buenos preceptores. Pero sigamos adelante. Estos que nos escuchan, ¿pueden también hacer a los jóvenes mejores, o no pueden?

Meleto.- Pueden.

Sócrates.- ¿Y los miembros del consejo?

Meleto.- Ellos también.

Sócrates.- Pero, mi querido Meleto, ¿todos los que vienen a las asambleas del pueblo corrompen igualmente a los jóvenes, o son capaces de hacerlos mejores?

Meleto.- Todos son capaces.

Sócrates.- Se sigue de aquí que todos los atenienses pueden hacer a los jóvenes mejores, menos yo, sólo yo los corrompo; ¿no es esto lo que dices?

Meleto.- Eso mismo.

Sócrates.- Verdaderamente, ¡qué desgracia la mía! Pero continúa respondiéndome. ¿Te parece que sucederá lo mismo con los caballos? ¿Pueden todos los hombres hacerlos mejores, y que sólo uno tenga el secreto de echarlos a perder? ¿O es todo lo contrario lo que sucede? ¿Es uno solo, o hay un cierto número de picadores que puedan hacerlos mejores? ¿Y el resto de los hombres, si se sirven de ellos, no los echan a perder? ¿No sucede esto mismo con todos los animales? Sí, sin duda, ya convengáis o no en ello Ánito y tú. Porque sería una gran fortuna y una gran ventaja para la juventud que sólo hubiese un hombre capaz de corromperla, y que todos los demás la pusieran en el buen camino. Pero tú bien has probado, Meleto, que la educación de la juventud no es cosa que te haya quitado el sueño, y tus discursos acreditan claramente que jamás te has ocupado de lo mismo que motiva tu acusación contra mí.

Por otra parte, te suplico ¡por Zeus! Meleto, que me respondas a esto. ¿Qué es mejor? ¿Habitar con hombres de bien o con pícaros? Respóndeme, amigo mío; porque mi pregunta no puede ofrecer dificultad. ¿No es cierto que los pícaros perjudican a los que los tratan, y que los hombres de bien les producen el efecto contrario?

Meleto.- Sin duda.

Sócrates.- ¿Hay alguno que prefiera recibir daño a utilidad de aquellos con quienes tiene trato? Respóndeme, porque la ley manda que lo hagas: ¿existe quien quiera recibir mal antes que bien?

Meleto.- No, no hay nadie.

Sócrates.- Pero, veamos: cuando tú me acusas de corromper a la juventud y de hacerla más mala, ¿sostienes que lo hago con conocimiento o sin quererlo?

Meleto.- Con conocimiento.

Sócrates.- Tú eres joven y yo, anciano. ¿Es posible que tu sabiduría supere tanto a la mía, que sabiendo tú que el roce con los malos causa mal, y el roce con los buenos causa bien, me supongas tan ignorante que no sepa que si convierto en malos los que me rodean, me expongo a recibir mal, y que a pesar de esto insista y persista, queriéndolo y sabiéndolo? En este punto, Meleto, yo no te creo ni pienso que haya en el mundo quien pueda creerte. Una de dos, o yo no corrompo a los jóvenes, o si los corrompo lo hago sin saberlo y a pesar mío, y en ambos casos eres un calumniador. Si corrompo a la juventud a pesar mío, la ley no permite citar a nadie ante el tribunal por faltas involuntarias, sino que se convoque a los que las cometen, se les reprenda y se les instruya; porque es bien seguro que, de haber estado yo instruido, cesaría de hacer lo que hago a pesar mío. Pero tú, con intención, lejos de citarme e instruirme, me arrastras hasta este tribunal, ante el cual la ley dispone que se cite a los que merecen castigo, pero no a los que solo tienen necesidad de prevenciones. Así, atenienses, hé aquí una prueba evidente, como os decía antes, de que Meleto jamás ha tenido cuidado de estas cosas, ni ha pensado en ellas.

Sin embargo, responde aún, y dinos cómo corrompo a los jóvenes. ¿Es, según tu denuncia, enseñándoles a no reconocer a los dioses de la ciudad, y además a rendir culto, bajo el nombre de demonios, a otras divinidades? ¿No es esto lo que dices?

Meleto.- Sí, eso mismo.

Sócrates.- Meleto, en nombre de esos mismos dioses de que ahora se trata, explícate de una manera un poco más clara, ante mí y ante estos jueces, porque no acabo de comprender si me acusas de enseñar que hay muchos dioses (y en ese caso, si creo que existen los dioses, no soy ateo, y falta la materia para que sea yo culpable), o si estos dioses no son los de la ciudad. ¿Es esto de lo que me acusas? ¿O bien de que no admito ningún dios, y que enseño a los demás a que no reconozcan ninguno?

Meleto.- Te acuso de no reconocer ningún Dios.

Sócrates.- ¡Oh, prodigioso Meleto! ¿Por qué dices eso? ¿Acaso yo no creo ,como los demás hombres, que el sol y la luna son dioses?

Meleto.- No, ¡por Zeus!, atenienses, no lo cree, porque dice que el sol es una piedra y la luna, tierra.

Sócrates.- ¿Pero tú acusas a Anaxágoras, mi querido Meleto? Desprecias a los jueces, porque los crees harto ignorantes, puesto que imaginas que no saben que los libros de Anaxágoras de Clazómenas están llenos de afirmaciones de esta especie. Por lo demás, ¿qué necesidad tendrían los jóvenes de aprender de mí cosas que pueden ir a oír todos los días a la orquesta, por un dracma a lo más? ¡Magnífica ocasión se les presentaba para burlarse de Sócrates, si se atribuyese doctrinas que no son suyas y tan extrañas y absurdas por otra parte! Pero dime, en nombre de Zeus, ¿pretendes que yo no reconozco ningún Dios?

Meleto.- Sí, ¡por Zeus! Tú no reconoces ninguno.

Sócrates.- Dices, Meleto, cosas increíbles, pues ni siquiera te pones de acuerdo contigo mismo. A mi entender, atenienses, Meleto es un insolente que sólo ha incoado esta acusación para insultarme, con toda la audacia de un imberbe, porque justamente sólo ha venido aquí para tentarme y proponerme un enigma, diciéndose a sí mismo: "Veamos, si Sócrates, este hombre que pasa por tan sabio, reconoce que me burlo y que digo cosas que se contradicen, o bien consigo engañar, no sólo a él, sino a todos los presentes". Efectivamente se contradice en su acusación, porque es como si dijera: Sócrates es culpable en cuanto no reconoce dioses y en cuanto los reconoce. ¿Y no es esto burlarse? Así lo juzgo yo. Seguidme, pues, atenienses, os lo suplico, y como os dije al principio, no os irritéis contra mí, si os hablo a mi manera ordinaria.

Respóndeme, Meleto. ¿Hay alguno en el mundo que crea que hay cosas humanas y que no hay hombres? Jueces, mandad que responda, y que no haga tanto ruido. ¿Hay quien crea que hay reglas para enseñar a los caballos, y que no hay caballos? ¿Que hay tocadores de flauta, y que no hay aires de flauta? No hay nadie, excelente Meleto. Yo responderé por ti, si no quieres hacerlo tú. Pero dime: ¿hay alguien que crea en cosas propias de los demonios, y que, sin embargo, crea que no hay demonios?

Meleto.- No, sin duda.

Sócrates.- ¡Qué trabajo ha costado arrancarte esta confesión! Al fin respondes, pero es preciso que los jueces te fuercen a ello. ¿Dices que yo reconozco y enseño cosas propias de los demonios? Ya sean viejas o nuevas, afirmas que yo creo en cosas tocantes a los demonios, y así lo has jurado en tu acusación. Si creo en cosas demoníacas, necesariamente creo en los demonios, ¿no es así? Sí, sin duda, porque tomo tu silencio por un consentimiento. Y estos demonios, ¿no estamos convencidos de que son dioses o hijos de dioses? ¿Es así, o no?

Meleto.- Sí.

Sócrates.- Por consiguiente, puesto que yo creo en los demonios, según tu misma confesión, y que los demonios son dioses, he aquí la prueba de lo que yo decía: de que nos propones enigmas para divertirte a mis expensas, diciendo que no creo en los dioses, y que, sin embargo, creo en los dioses, puesto que creo en los demonios. Y si los demonios son hijos de los dioses –hijos bastardos, si se quiere, pues se dice que lo son de ninfas o de otros seres mortales–, ¿quién puede creer que hay hijos de dioses, pero que no hay dioses? Esto es tan absurdo como creer que hay mulos nacidos de caballos y asnos, pero que no hay caballos ni asnos. Así, Meleto, no puedo menos que pensar que has promovido esta acusación contra mí sólo para ponerme a prueba, y a falta de pretexto legítimo, por arrastrarme ante el tribunal; porque a nadie que tenga sentido común puedes persuadir jamás de que el hombre que cree que hay cosas concernientes a los dioses y a los demonios, pueda creer, sin embargo, que no hay ni demonios, ni dioses, ni héroes; esto es absolutamente imposible. Pero no tengo necesidad de extenderme más en mi defensa, atenienses, y lo que acabo de decir basta para hacer ver que no soy culpable, y que la acusación de Meleto carece de fundamento. Estad persuadidos, atenienses, de lo que os dije en un principio: que me he atraído muchos odios, que esta es la verdad, y que lo que me perderá, si sucumbo, no serán ni Meleto ni Ánito, será este odio, esta envidia del pueblo que hace víctimas a tantos hombres de bien, y que harán perecer en lo sucesivo a muchos más; porque no hay que esperar que se satisfagan con el sacrificio sólo de mi persona.

Quizás me dirá alguno: ¿no sientes remordimiento, Sócrates, por haberte consagrado a un estudio que te pone en este momento en peligro de muerte? A este hombre le daré una respuesta muy decidida, y le diré que se engaña mucho al creer que un hombre de valor tiene en cuenta los peligros de la vida o de la muerte. Lo único a lo que debe atender en todos sus procederes es a sopesar si lo que hace es justo o injusto, si su acción es propia de un hombre de bien o de un malvado. De otra manera, se seguiría que los semidioses que murieron en el sitio de Troya debieron ser los más insensatos, y particularmente el hijo de Tetis, quien, para evitar su deshonra, despreció el peligro hasta el punto de que, impaciente por matar a Hector y requerido por la diosa, su madre, que le dijo, si mal no recuerdo: "Hijo mío, si vengas la muerte de Patroclo, tu amigo, matando a Hector, tu morirás porque tu muerte debe seguir a la de Héctor"; él, después de esta amenaza, despreciando el peligro y la muerte, y temiendo más vivir como un cobarde por no haber vengado a sus amigos, gritó:

¡Que yo muera al instante,
con tal de que castigue al asesino de Patroclo,
y que no quede yo deshonrado,
sentado en mis buques, peso inútil sobre la tierra!

¿Os parece que se inquietaba Tetis ante el peligro de la muerte? Es una verdad constante, atenienses, que todo hombre que ha escogido un puesto que ha creído honroso, o que ha sido colocado en él por sus superiores, debe mantenerse firme y no temer ni la muerte, ni lo que haya de más terrible, anteponiendo a todo el honor.

Me conduciría de una manera singular y extraña, atenienses, si tras haber asumido fielmente todos los puestos a los que me destinaron nuestros generales en Potidea, en Anfípolis y en Delio, y de haber expuesto mi vida tantas veces, ahora que el dios me ha ordenado, porque así lo creo, pasar mis días en el estudio de la filosofía, examinándome mí mismo y a los demás, abandonase este puesto por miedo a la muerte o a cualquier otro peligro. Verdaderamente esta sería una deserción criminal, y me haría acreedor a que se me citara ante este tribunal como impío, que no cree en los dioses, que desobedece al oráculo, que teme a la muerte y que se cree sabio, cuando no lo es. Porque temer a la muerte, atenienses, no es otra cosa que creerse sabio sin serlo, y creer conocer lo que no se sabe. En efecto, nadie conoce la muerte, ni sabe si es el mayor de los bienes para el hombre. Sin embargo, se la teme como si se supiese con certeza que es el mayor de todos los males. ¡Ah! ¿No es una ignorancia vergonzante creer conocer una cosa que no se conoce?

Respecto a mí, atenienses, quizá soy en esto muy diferente de todos los demás hombres, y si en algo parezco más sabio que ellos, es porque no sabiendo lo que nos espera más allá de la muerte, digo y sostengo que no lo sé. Lo que sé de cierto es que cometer injusticias y desobedecer al que es mejor y está por encima de nosotros, sea dios u hombre, es lo más criminal y lo más vergonzoso. Por eso yo no temeré ni huiré nunca de males que no conozco y que son quizá verdaderos bienes; pero temeré y huiré siempre de males que sé con certeza que son verdaderos males.

Si, a pesar de las instancias de Ánito, quien ha manifestado que, o bien yo no debería haber comparecido ante el tribunal, o bien que, una vez llamado, no podéis vosotros dispensaros de hacerme morir –porque, dice él, si me escapase de la muerte, vuestros hijos, que son ya afectos a la doctrina de Sócrates, serían irremisiblemente corrompidos por él–, me dijeseis: "Sócrates, en nada estimamos la acusación de Ánito y te absolvemos, pero a condición de que cesarás de filosofar y de hacer tus indagaciones acostumbradas; y si reincides y llega a descubrirse, tú morirás"; si me dieseis la libertad bajo estas condiciones, yo os respondería sin dudar: "Atenienses, os respeto y os amo; pero obedeceré al dios antes que a vosotros, y mientras viva no cesaré de filosofar y cuando, en el día a día, os encuentre, me conduciré como yo suelo, examinándonos según mi costumbre: 'Buen hombre, ¿cómo, siendo ateniense y ciudadano de la mejor ciudad del mundo por su sabiduría y por su valor, cómo no te avergüenzas de no haber pensado más que en amontonar riquezas, en adquirir crédito y honores, de despreciar los tesoros de la verdad y de la sabiduría, en lugar esforzarse por hacer tu alma tan buena como pueda serlo? Y si alguno me niega que se halla en este estado, y sostiene que tiene cuidado de su alma, no se lo negaré, pero le interrogaré, le examinaré y, si encuentro que no es virtuoso, pero que aparenta serlo, le echaré en cara que prefiere cosas tan abyectas y perecederas antes que las que poseen un precio inestimable'.

Así es como hablo y seguiré hablando a los jóvenes y a los ancianos, a los ciudadanos y a los extranjeros, pero principalmente a los ciudadanos, porque vosotros me tocáis más de cerca, porque es preciso que sepáis que esto es lo que el dios me ordena, y porque estoy persuadido de que el mayor bien del que ha disfrutado esta ciudad es este servicio continuo que yo rindo al dios. Toda mi ocupación es trabajar para persuadiros, jóvenes y ancianos, de que antes que el cuidado del cuerpo y de las riquezas se encuentra el del alma y su perfeccionamiento; porque no me canso de deciros que la virtud no proviene de las riquezas, sino por el contrario, que las riquezas provienen de la virtud, y que es de ella de donde nacen todos los demás bienes públicos y privados. Si diciendo estas cosas corrompo a la juventud, significaría que estos principios son perjudiciales, porque si se pretende que yo digo otra cosa, se os engaña. Dicho esto, no tengo nada que añadir. Haced lo que pide Ánito, o no lo hagáis; dadme libertad, o no me la deis; yo no puedo hacer otra cosa, aunque hubiera de morir mil veces...

No murmuréis, atenienses, y concededme la gracia que os pedí al principio: que me escuchéis con calma; calma que creo que no os será infructuosa, porque tengo que deciros otras muchas cosas que quizá os harán murmurar más; pero no os dejéis llevar por vuestra pasión. Sabed que si me hacéis morir por lo que acabo de declarar, el mal no será sólo para mí. En efecto, ni Ánito ni Meleto pueden causarme mal alguno, porque el mal no puede nada contra el hombre de bien. Me harán quizá condenar a muerte, o a destierro, o a la pérdida de mis bienes y de mis derechos de ciudadano, males espantosos a los ojos de Meleto y de sus amigos; pero yo no soy de la misma opinión. A mi juicio, el más grande de todos los males es hacer lo que Ánito hace en este momento, que es esforzarte en hacer morir a un inocente.

Atenienses, no es en modo alguno por amor a mi persona por lo que yo me defiendo, y sería un error creerlo, sino que es por amor a vosotros; porque condenarme sería ofender al dios y desconocer el presente que os ha hecho. Muerto yo, atenienses, no encontraréis fácilmente a otro ciudadano que el Dios conceda a esta ciudad (tal vez la comparación os parecerá ridícula) como a un corcel noble y generoso, pero lastrado por su propia grandeza, y que tiene necesidad de una espuela que le excite y despierte. Se me figura que soy yo el que el dios ha escogido para excitaros, para punzaros, para predicaros todos los días, sin abandonaros ni un solo instante. Atenienses, difícil será que encontréis otro hombre que desempeñe esta misión como yo y, si queréis creerme, me salvaréis la vida.

Pero quizá fastidiados y soñolientos desecharéis mi consejo, y entregándoos a la pasión de Ánito me condenaréis muy a la ligera. ¿Qué resultará de esto? Que pasaréis el resto de vuestra vida en un adormecimiento profundo, a menos que el dios tenga compasión de vosotros y os envíe otro hombre que se parezca a mí.

Que ha sido el dios el que me ha encomendado esta misión para con vosotros es fácil inferirlo, por lo que os voy a decir. Hay un no sé qué de sobrehumano en el hecho de haber abandonado yo durante tantos años mis propios asuntos para consagrarme a los vuestros, dirigiéndome a cada uno de vosotros como un padre o un hermano mayor puede hacerlo, y exhortándoos sin cesar a que practiquéis la virtud.

Si yo hubiera sacado alguna recompensa de mis exhortaciones, tendríais algo que decir; pero veis claramente que mis mismos acusadores, que me han calumniado con tanta acritud, no han tenido valor para echármelo en cara, y menos para probar con testigos que yo haya exigido jamás ni pedido el menor salario, y en prueba de la verdad de mis palabras os presento un testigo irrecusable: mi pobreza.

Quizá parecerá absurdo que me haya empecinado en aleccionaros de manera personal, y que jamás me haya presentado en vuestras asambleas, para dar mis consejos a la patria. Quien me lo ha impedido, atenienses, ha sido este demonio familiar, esta voz divina de la que tantas veces os he hablado, y que ha servido a Meleto para pergeñar aviesamente un capítulo de su acusación. Este demonio se ha pegado a mí desde mi infancia; es una voz que no se hace escuchar sino cuando quiere separarme de lo que he resuelto hacer, porque jamás me excita a emprender nada. Ella es la que se me ha opuesto siempre cuando he querido mezclarme en los negocios de la república; y ha tenido razón, porque, creedme atenienses, hace mucho tiempo que yo no existiría si me hubiera mezclado en los negocios públicos, de manera que no habría podido hacer las cosas que he hecho en beneficio vuestro y en el mío. No os enfadéis, os lo suplico, si no os oculto nada; todo hombre que quiera oponerse franca y generosamente a todo un pueblo, sea el vuestro o cualquier otro, y que se empeñe en evitar que se cometan iniquidades en la ciudad, no lo hará jamás impunemente. Es preciso que el que quiere combatir por la justicia, por poco que quiera vivir, sea sólo un simple particular y no un hombre público. Voy a daros pruebas magníficas de esta verdad, no con palabras, sino con otro recurso que estimaréis más: con hechos.

Oíd lo que a mí mismo me ha sucedido, para que así conozcáis cuán incapaz soy de someterme a nadie yendo contra lo que es justo por temor a la muerte, y como no cediendo nunca, es imposible que deje yo de ser víctima de la injusticia. Os referiré cosas poco agradables, mucho más en boca de un hombre que tiene que hacer su apología, pero que son muy verdaderas.

Ya sabéis, atenienses, que jamás he desempeñado ninguna magistratura, salvo la de miembro del Consejo. La tribu Antióquida, a la que pertenezco, ejercía su turno en el Pritaneo, cuando contra toda ley os empeñasteis en procesar, de manera conjunta, a los diez generales que no habían enterrado los cuerpos de los ciudadanos muertos en el combate naval de las Arginusas; injusticia que reconocéis y de la que os arrepentisteis después. Entonces fui el único que se atrevió a oponerse a vosotros para impedir esta violación de las leyes. Protesté contra vuestro decreto, y a pesar de los oradores que me amenazaban con denunciarme, así como de vuestras advertencias y vuestros gritos, preferí correr dicho peligro del lado de la ley y la justicia, que consentir con vosotros en tan insigne iniquidad, sin que me arredraran ni la perspectiva de las cadenas, ni la de la muerte.

Esto acaeció cuando la ciudad era gobernada por el pueblo, pero tras establecerse la oligarquía, habiéndonos mandado los treinta tiranos a otros cuatro y a mí a Tolo, nos dieron la orden de conducir desde Salamina a León para darle muerte, porque daban estas órdenes a muchas personas para comprometer al mayor número de ciudadanos posible en sus iniquidades; y entonces yo hice ver, no con palabras sino con hechos, que la muerte a mis ojos era nada, permítaseme esta expresión, y que mi única preocupación consistía en no cometer impiedades e injusticias. Todo el poder de estos treinta tiranos, por terrible que fuese, no me intimidó, ni fue bastante para que me manchara con tan impía iniquidad.

Cuando salimos de Tolo, los otro cuatro fueron a Salamina y condujeron hasta aquí León, y yo me retiré a mi casa, y no hay que dudar que mi muerte habría seguido a mi desobediencia, si en aquel momento no se hubiera verificado la abolición de aquel gobierno. Existe un gran número de ciudadanos que pueden testimoniar acerca de la veracidad de mi testimonio.

¿Creéis que habría yo vivido tantos años si me hubiera mezclado en los negocios de la ciudad, y como hombre de bien hubiera combatido toda clase de intereses bastardos, para dedicarme exclusivamente a defender la justicia? Esperanza vana, atenienses; ni yo ni ningún otro habría podido hacerlo. Pero lo único que me he propuesto durante toda mi vida, tanto en público como en privado, es no ceder ante nadie, sea quien sea, contra la justicia, ni ante esos mismos tiranos que mis calumniadores quieren convertir en mis discípulos.

Jamás he tenido por oficio el enseñar, y si ha habido algunos jóvenes o ancianos que han tenido deseo de oír mis conversaciones, no les he negado esta satisfacción, porque como no es mercenario mi oficio, no rehúso el hablar, aun cuando con nada se me retribuye; y estoy siempre dispuesto a conversar tanto con ricos como pobres, urgiéndoles a que me pregunten, y, si lo prefieren, para que me respondan a las cuestiones que yo suscite.

Y si entre ellos hay algunos que se han hecho hombres de bien o pícaros, no hay que alabarme ni reprenderme por ello, porque no soy yo la causa, puesto que jamás he prometido enseñarles nada, y de hecho nada les he enseñado; y si alguno se jacta de haber recibido lecciones privadas u oído de mí cosas distintas de las que digo públicamente a todo el mundo, miente.

Ya sabéis, atenienses, por qué la mayor parte de las gentes gustan escucharme y conversar detenidamente conmigo; os he dicho la verdad pura, y es porque hallan singular placer en disputar con gentes que se tienen por sabias y que no lo son; disputas que no son desagradables para los que las dirimen. Como os dije antes, es el dios mismo el que me ha dado esta orden por medio de oráculos, por sueños y por todos los demás medios de los que la divinidad puede valerse para hacer saber a los hombres su voluntad.

Si lo que digo no fuese cierto, os resultaría sencillo convencerme de ello; porque si yo corrompía a los jóvenes, y de hecho estuviesen ya corrompidos, sería preciso que los más avanzados en edad, y que saben en conciencia que les he dado perniciosos consejos en su juventud, se alzarían contra mí y me harían castigar; y si no quisiesen hacerlo, sería un deber de sus parientes –padres, hermanos y tíos– pedir venganza contra el corruptor de sus hijos, sobrinos o hermanos. Veo a muchos aquí, como Critón, que es de mi pueblo y de mi edad, padre de Critobulo, también presente; Lisanias de Esfeto, padre de Esquines; Antifón, del pueblo de Cefisia y padre de

Epígenes; y muchos otros, cuyos hermanos han estado en relación conmigo, como Nicóstrato, hijo de Teozótides y hermano de Teódoto, que ha muerto y que por lo tanto no tiene necesidad del socorro de su hermano. Veo también a Paralio, hijo de Demódoco y hermano de Téages; Adimanto, hijo de Aristón con su hermano Platón, que tenéis delante; Ayantodoro, hermano de Apolodoro, y muchos más, entre los cuales debería haber elegido Meleto al menos a uno o dos como testigos de su causa.

Si no ha pensado en ello, todavía está a tiempo; yo le permito hacerlo, y que diga, si puede, si va a ser así; pero no puede, atenienses. Veréis que todos los presentes están dispuestos a defenderme, a mí que supuestamente he corrompido y echado a perder por completo a sus hijos y hermanos, si hemos de creer a Meleto y a Ánito. No quiero hacer valer la protección de aquellos a los que al parecer he corrompido, porque podrían tener sus razones para defenderme; pero sus padres, a los que no he seducido y que tienen ya cierta edad, ¿qué otra razón pueden tener para protegerme, más que mi derecho y mi inocencia? ¿No será porque saben que Meleto es un hombre engañoso, y que yo no digo más que la verdad? He aquí, atenienses, las razones de que puedo valerme para mi defensa; otras, que callo, son de la misma naturaleza.

Ahora bien, quizá habrá alguno entre vosotros que, al acordarse de haber estado en el puesto en que yo me hallo ahora, se irritará contra mí, porque peligros mucho menores los ha conjurado suplicando a los jueces con lágrimas, y, para excitar más la compasión, haciendo venir aquí a sus hijos, a sus parientes y a sus amigos, mientras que yo no he querido recurrir a semejante aparato, a pesar de las señales que se advierten de que corro el mayor de todos los peligros. Quizá al apreciar esta diferencia, se indispondrán contra mí y, al emitir en tal estado su voto, lo harán con indignación.

Si hay alguno que abrigue estos sentimientos, lo que no creo, ya que sólo lo digo como hipótesis, la excusa más racional de que puedo valerme es decirle: "Amigo mío, yo tengo también parientes porque, para servirme de la expresión de Homero, *yo no he salido de una encina o de una roca*, sino que he nacido como los demás hombres. De suerte, atenienses, que tengo parientes y además tres hijos, de los cuales el mayor está en la adolescencia y los otros dos en la infancia; sin embargo, no les haré comparecer aquí para comprometeros a que me absolváis. ¿Por qué no lo haré? No es por una terquedad altanera, ni por desprecio hacia vosotros –y dejo a un lado si miro la muerte con intrepidez o con debilidad, porque esta es otra cuestión–, sino que es por vuestro honor y por el de toda la ciudad. No me parece admisible ni honesto que vaya yo a emplear esta clase de medios a la edad que tengo y con mi reputación, ya sea verdadera o falsa: basta con que la opinión general sea que Sócrates tiene alguna ventaja sobre la mayor parte de los hombres. Si los que entre vosotros pasan por ser superiores a los demás por su sabiduría, su valor o cualquier otra virtud se rebajasen de esta manera, me avergüenzo decirlo –como muchos que he visto, que habiendo pasado por grandes personajes, incurrían sin embargo, en actos de una bajeza sorprendente cuando se les juzgaba, como si estuviesen persuadidos de que sería para ellos un gran mal si les daban muerte, y de que se harían inmortales si les absolvían–; repito que, obrando así, harían la mayor afrenta a esta ciudad, porque darían pie a que los extranjeros creyeran que los más virtuosos de entre los atenienses, preferidos para obtener los más altos honores y dignidades por elección de los demás, en nada se diferenciaban de las mujeres; y esto no debéis hacerlo, atenienses, vosotros que habéis alcanzado tanta nombradía; y si yo quisiera hacerlo, estaréis obligados a impedirlo y declarar que condenaréis más pronto a aquel que recurra a estas escenas trágicas para mover a compasión, cubriendo de ridículo a vuestra ciudad, que a aquel que espere tranquilamente la sentencia que pronunciéis.

Dejando ahora a un lado este aspecto de la cuestión, atenienses, no me parece justo suplicar al juez ni hacerse absolver a fuerza de súplicas. Es preciso persuadirle y convencerle, porque el juez no está sentado en su silla para complacer violando la ley, sino para hacer justicia obedeciéndola. Así es como se comprometió a actuar bajo juramento, y no está en su poder conceder una gracia a quien le agrade, porque su obligación es hacer justicia. No es conveniente que os acostumbremos al perjurio, ni vosotros debéis dejaros acostumbrar, porque en tal caso unos y otros seremos igualmente culpables ante los dioses.

No esperéis de mí, atenienses, que yo recurra para con vosotros a cosas que no tengo por buenas, ni justas, ni piadosas, y menos que lo haga en una ocasión en que me veo acusado de impiedad por Meleto; porque si os ablandase con mis súplicas y os forzase a violar vuestro juramento, sería evidente que os estaría induciendo a no creer en los dioses, y, queriendo justificarme, probaría contra mí mismo que no creo en ellos. Pero, atenienses, no soy yo de esta creencia, pues estoy más persuadido de la existencia del dios que ninguno de mis acusadores; y es tan grande mi convicción, que me vuestras manos y en las del dios de Delfos, a fin de que me juzguéis como creáis mejor para vosotros y para mí.

(Terminada la defensa de Sócrates, los jueces procedieron a la votación y resultaron 281 votos en su contra y 275 a su favor. Sócrates, condenado por una mayoría de seis votos, tomó la palabra y dijo lo que sigue).

No creáis, atenienses, que me ha conmovido el fallo que acabáis de pronunciar contra mí, y esto por muchas razones; la principal, porque yo ya estaba preparado para recibir este golpe. Mucho más sorprendido estoy con el número de votantes a favor y en contra, pues no esperaba verme condenado por tan escaso número de votos. Advierto que sólo por tres no he sido absuelto. Ahora veo que me he librado de las manos de Meleto; y no sólo librado, sino que os consta a todos que si Ánito y Licón no se hubieran levantado para acusarme, Meleto habría tenido que pagar seis mil dracmas por no haber obtenido la quinta parte de votos.

Meleto me juzga digno de muerte; en buen hora. Y yo, ¿de qué pena me juzgaré digno? Veréis claramente, atenienses, que yo no escojo sino lo que merezco. ¿Y cuál es? ¿A qué pena, a qué multa voy a condenarme por no haber callado todo lo bueno que aprendí durante mi vida; por haber despreciado lo que los demás buscan con tanto afán, las riquezas, el cuidado de los negocios domésticos, los empleos y los cargos públicos; por no haber participado jamás en ninguna cábala o conjura, prácticas bastante ordinarias en esta ciudad; por ser conocido como hombre de bien, no queriendo conservar mi vida valiéndome de medios tan indignos? Por otra parte, sabéis que jamás he querido desempeñar ninguna profesión en la que pudiera trabajar al mismo tiempo en provecho vuestro y en el mío, y que mi único propósito ha sido procuraros a cada uno de vosotros el mayor de todos los bienes, exhortándoos a que no atendáis a las cosas que os pertenecen antes que al cuidado de vosotros mismos, para haceros más sabios y más perfectos, lo mismo que es preciso tener cuidado de la existencia de la ciudad antes de pensar en las cosas que le pertenecen, y así en todo lo demás.

Dicho esto, ¿de qué soy digno? De un gran bien sin duda, atenienses, si proporcionáis verdaderamente la recompensa al mérito; de un gran bien que pueda convenir a un hombre como yo. ¿Y qué es lo que conviene a un hombre pobre, que es vuestro bienhechor, y que tiene necesidad de un gran desahogo para ocuparse en exhortaros? Nada le conviene tanto, atenienses, como el ser alimentado en el Pritaneo, y esto le es más debido que a los que entre vosotros han ganado el premio en las carreras de caballos y de carros en los juegos olímpicos; porque éstos con sus victorias hacen que aparezcamos felices, y yo os lo hago, no en la apariencia, sino en la realidad. Por otra parte, éstos no tienen necesidad de socorro, y yo sí la tengo. Si en justicia es preciso adjudicarme una recompensa digna de mí, esta es la que merezco: el ser alimentado en el Pritaneo.

Al hablaros así, atenienses, quizás me acusaréis de que lo hago con la terquedad y la arrogancia con que deseché antes los lamentos y las súplicas. Pero no es así. El motivo es, atenienses, que abrigo la convicción de no haber hecho jamás el menor daño a nadie queriéndolo y sabiéndolo. No puedo hoy persuadiros de ello, porque el tiempo que me queda es muy corto. Si tuvieseis una ley que ordenase que un juicio de muerte durara muchos días, como se practica en otras partes, y no uno solo, estoy persuadido de que os convencería. Pero ¿qué medio hay para destruir tantas calumnias en un tan corto espacio de tiempo? Estando convencidísimo de que no he hecho daño a nadie, ¿cómo he de hacérmelo a mí mismo, confesando que merezco ser castigado, e imponiéndome a mí mismo una pena? ¡Qué! ¿Por no sufrir el suplicio a que me condena Meleto, suplicio que verdaderamente no sé si es un bien o un mal, iré yo a escoger alguna de esas penas, que sé con certeza que es un mal, y me condenaré yo mismo a ella? ¿Será quizá una prisión perpetua? ¿Y qué significa vivir siempre yo esclavo de los Once? ¿Será una multa y permanecer en prisión hasta que la haya pagado? Esto equivale a lo anterior, porque no tengo con qué pagarla. ¿Me condenaré al destierro? Quizá entonces confirmaríais mi sentencia. Pero para ello sería necesario que me cegase el amor a la vida, atenienses, si no viera que si vosotros, que sois mis conciudadanos, no habéis podido sufrir mis conversaciones ni razonamientos, y de tal manera os han irritado que no habéis parado hasta deshaceros de mí, con mucha más razón los de otros países no podrían sufrirme. ¿Qué vida sería la de Sócrates si, a sus años, arrojado de Atenas, se viera errando de ciudad en ciudad como un vagabundo y un proscrito? Sé bien que, a dondequiera que yo vaya, los jóvenes me escucharán, como me escuchan en Atenas; pero si ahora los rechazo, harán que sus padres me destierren; en caso contrario, lo harán sus padres y parientes.

Pero me dirá quizás alguno: "¡Qué! Sócrates, si vas al destierro, ¿no podrás mantenerte en reposo y guardar silencio? Ya veo que este punto es de los más difíciles para hacerlo comprender a alguno de vosotros, porque si digo que callar en el destierro sería desobedecer al dios, y que por esta razón me es imposible guardar silencio, no me creeríais y lo entenderéis como una ironía; y si os dijese que el mayor bien del hombre es hablar de la virtud todos los días de su vida y conversar sobre todas las demás cosas que han sido objeto de mis discursos, ya sea examinándome a mí mismo, ya examinando a los demás, porque una vida sin examen no es vida, aún me creeríais menos. Así es la verdad, atenienses, por más que os resistáis a creerla.

En fin, no estoy acostumbrado a sentirme acreedor de ninguna pena. Si yo fuese rico, me condenaría a una multa que pudiera pagar, porque esto no me causaría ningún perjuicio; pero no puedo, porque nada tengo, a menos que queráis que la multa sea proporcionada a mi indigencia, y en tal caso podría extenderme hasta una mina de plata, y a esto es a lo que yo me condeno. Pero Platón, que está presente, Critón, Critobulo y Apolodoro quieren que me extienda hasta treinta minas, de las que ellos responden. Me condeno, pues, a treinta minas, y he aquí mis fiadores, cuya solvencia me consta.

(Habiéndose Sócrates condenado a sí mismo a una multa para acatar la ley, los jueces deliberaron y le condenaron a muerte. Entonces Sócrates tomó la palabra y dijo lo que sigue).

En verdad, atenienses, por impaciencia y precipitación vais a dar pie a vuestros envidiosos enemigos a que acusen a la ciudad de haber hecho morir a Sócrates, a este hombre sabio, porque, para agravar vuestra vergonzosa situación, ellos me llamarán sabio, aunque no lo sea. En lugar de ello, si hubieseis tenido un poco de paciencia, mi muerte habría acaecido de manera natural, logrando vuestro propósito, porque ya veis que con la edad que tengo estoy bien cerca de la muerte. No digo esto por todos los jueces, sino tan sólo por los que me han condenado a muerte, y a ellos es a quienes voy a dirigirme. ¿Creéis que yo habría sido condenado, si no hubiese reparado en los medios para defenderme? ¿Creéis que me habrían faltado palabras insinuantes y persuasivas? No son las palabras, atenienses, las que me han faltado; es por pudor, por lo que no os he dicho cosas que os habría gustado mucho oír. Habría sido para vosotros una gran satisfacción haberme visto lamentarme, suspirar, llorar, suplicar y cometer todas las demás bajezas que veis todos los días cometer a los acusados. Pero ante el peligro evidente que corría, he creído que no debía rebajarme a una actitud tan cobarde y tan vergonzosa, y después de vuestra sentencia no me arrepiento de no haber cometido esta indignidad, porque prefiero morir tras haberme defendido como lo he hecho, que vivir tras arrastrarme ante vosotros. Ni en los tribunales de justicia, ni en medio de la guerra, debe el hombre honrado salvar su vida por tales medios. Sucede muchas veces en los combates, que se puede salvar la vida muy fácilmente arrojando las armas y pidiendo cuartel al enemigo, y lo mismo ante cualquier otro peligro. Existen multitudes de maneras de evitar la muerte, cuando está uno dispuesto a decir o hacer cualquier cosa. ¡Ah! Atenienses, no es lo difícil evitar la muerte; lo es mucho más evitar la deshonra, que marcha más ligera que la muerte. Esta es la razón de que, viejo y pesado como estoy, he optado por la más gravosa de las dos, la muerte, mientras que el más ligera, el oprobio, pertenece a mis acusadores, que gozan de vigor y ligereza. Yo voy a sufrir la muerte, a la que me habéis condenado, pero ellos sufrirán la iniquidad y la infamia a que la verdad les condena. Con respecto a mí, me atengo a mi castigo, y ellos se atendrán al suyo. En efecto, quizá las cosas han debido pasar así, y en mi opinión no han podido pasar de mejor modo.

¡Oh, vosotros, que me habéis condenado a muerte! Quiero predeciros lo que os sucederá, porque me hallo en ese momento, en el mismo umbral de la muerte, en que los hombres son capaces de profetizar el porvenir. Os lo anuncio a vosotros, que me hacéis morir: vuestro castigo no tardará, y cuando yo haya muerto, será ¡por Zeus! más cruel que el que me imponéis a mí. Al deshaceros de mí sólo habéis intentado librado del importuno peso de dar cuenta de vuestra vida, pero lo que os ocurrirá es todo lo contrario; yo os lo predigo. Se levantará contra vosotros y os reprenderá un gran número de personas que, aunque vosotros no os hayáis percatado, se han contenido por mi presencia, pero que tras mi muerte serán tanto más importunos y difíciles de contener cuanto que son más jóvenes; y más vais a irritaros vosotros, porque si creéis que basta con matar a unos para impedir que otros os echen en cara que vivís mal, os engañáis. Esta manera de libertarse de los censores ni es decente, ni posible; lo mejor es no cerrar la boca a los hombres, sino hacerse uno mismo mejor. Lo dicho basta para los que me han condenado, y les dejo a solas con sus remordimientos.

Con respecto a los que me habéis absuelto con vuestros votos, atenienses, conversaré con vosotros con el mayor gusto, mientras los Once estén ocupados y no se me conduzca al sitio donde debo recibir la muerte. Concededme, os lo suplico, un momento de atención, porque nada impide que conversemos juntos, puesto que da tiempo. Quiero comentaros, como amigos, algo que me acaba de suceder, y explicaros lo que significa. Sí, jueces míos (y al llamaros así no me engaño en el nombre), me ha sucedido hoy una cosa muy maravillosa. La voz divina de mi demonio familiar que me formulaba advertencias tantas veces, y que en las menores ocasiones no dejaba jamás de separarme de todo lo malo que fuese a emprender, hoy, que me sucede lo que veis, y lo que la mayor parte de los hombres tienen por el mayor de todos los males, esta voz no me ha dicho nada, ni esta mañana cuando salí de casa, ni cuando he venido al tribunal, ni cuando he comenzado a hablaros. Sin embargo, me ha sucedido muchas veces que me ha interrumpido en medio de mis discursos, y hoy a nada se ha opuesto, haya dicho o hecho yo lo que quisiera. ¿Qué puede significar esto? Voy a decíroslo. Todo apunta a que lo que me sucede es un gran bien, y nos engañamos todos sin duda si creemos que la muerte es un mal. Una prueba evidente de ello es que, si yo no hubiese de realizar hoy algún bien, el dios no habría dejado de advertírmelo como acostumbra.

Profundicemos un tanto en la cuestión, para poder comprender que es una esperanza muy profunda la de que la muerte es un bien.

Una de dos: o la muerte consiste en un absoluto anonadamiento y una privación de todo sentimiento, o bien, como se dice, es un tránsito del alma de un lugar a otro. En el primer caso, se trataría de un estado semejante al de dormir sin verse perturbado por ningún sueño, ¿y qué mayor ventaja podría presentar la muerte? Porque si alguien, tras pasar una noche muy tranquila sin ninguna inquietud, sin ninguna turbación, sin el menor sueño, la comparase con todos los demás días y las demás noches de su vida, y se le obligase a decir en conciencia cuántos días y noches había pasado que fuesen más felices que aquella noche, estoy persuadido de que no sólo un simple particular, si no el mismo gran rey, encontraría bien pocos, y le sería muy fácil contarlos. Si la muerte es una cosa semejante, yo la llamo con razón un bien; porque entonces el tiempo todo entero no es más que una larga noche.

Si, por el contrario, la muerte es un tránsito de un lugar a otro, y si, según se dice, allá abajo está el paradero de todos los que han vivido, ¿qué mayor bien se puede imaginar, jueces míos? Porque si, al dejar atrás a los jueces prevaricadores de este mundo, se encuentran en los infiernos a los verdaderos jueces, que se dice que hacen allí justicia, Minos, Radamanto, Éaco, Triptólemo y todos los demás semidioses que han sido justos durante su vida, ¿no es este el cambio más dichoso? ¿A qué precio no compraríais la felicidad de conversar con Orfeo, Museo, Hesíodo y Homero? Para mí, si es esto verdad, moriría gustoso mil veces. ¡Qué alegría me invadiría al encontrarme con Palamedes, con Ayante, hijo de Telamón, y con todos los demás héroes de la antigüedad que han sido víctimas de la injusticia? ¡Qué placer el poder comparar mis aventuras con las suyas! Pero aún sería un placer infinitamente más grande para mí pasar allí los días, interrogando y examinando a todos estos personajes, para distinguir a los que son verdaderamente sabios de los que creen serlo y no lo son. ¿Hay alguno, jueces míos, que no diese todo lo que tiene en el mundo por examinar al que condujo a un numeroso ejército contra Troya, o a Ulises, o a Sisífo y a tantos otros, hombres y mujeres, cuya conversación y examen reportarían una felicidad inexplicable? Estos no harían morir a nadie por este examen, porque además de que son más dichosos que nosotros en todas los ámbitos, gozan de la inmortalidad, si hemos de creer lo que se dice.

Esta es la razón, jueces míos, para que nunca perdáis las esperanzas aun después de la tumba, confiados en esta verdad: que no hay ningún mal para el hombre de bien, ni durante su vida, ni después de su muerte; y que los dioses tienen siempre cuidado de cuanto tiene relación con él; porque lo que en este momento me sucede a mí no es obra del azar, y estoy convencido de que lo mejor para mí es morir y libertarme así de todos los disgustos de esta vida. He aquí por qué la voz divina nada me ha dicho en todo este día.

No albergo ningún resentimiento contra mis acusadores, ni contra los que me han condenado, aun cuando no haya sido su intención procurarme un bien, sino todo lo contrario, un mal, lo cual sería motivo de queja. Pero sólo una gracia quiero pedirles. Cuando mis hijos sean mayores, os suplico que les hostiguéis y les atormentéis como os he hostigado y atormentado yo a vosotros, si veis que prefieren las riquezas a la virtud, y que se creen algo cuando no son nada; no dejéis de afeárselo, si no se aplican a lo que deben aplicarse y creen ser lo que no son; porque así es como yo he obrado con vosotros. Si me concedéis esta gracia, lo mismo yo que mis hijos no podremos menos que alabar vuestra justicia.

Pero ya es tiempo de que nos retiremos de aquí, yo para morir, vosotros para vivir. Entre vosotros y yo, ¿quién lleva la mejor parte? Esto es lo que nadie sabe, excepto el dios.